AF337808

ALLOCUTION

DE

MGR L'ÉVÊQUE D'ANGERS

A LA CÉRÉMONIE DE L'INAUGURATION

DU MONUMENT DE MGR ANGEBAULT

LE 16 JANVIER 1877.

Mementote præpositorum vestrorum qui vobis locuti sunt verbum Dei.

Souvenez-vous de vos évêques qui vous ont annoncé la parole de Dieu.

(EP. AUX HÉBR., XIII, 7.)

ANGERS

E. BARASSÉ, LIBRAIRE-ÉDITEUR, RUE SAINT-LAUD, 83

imprimeur de Monseigneur l'Évêque et du Clergé.

—

1877

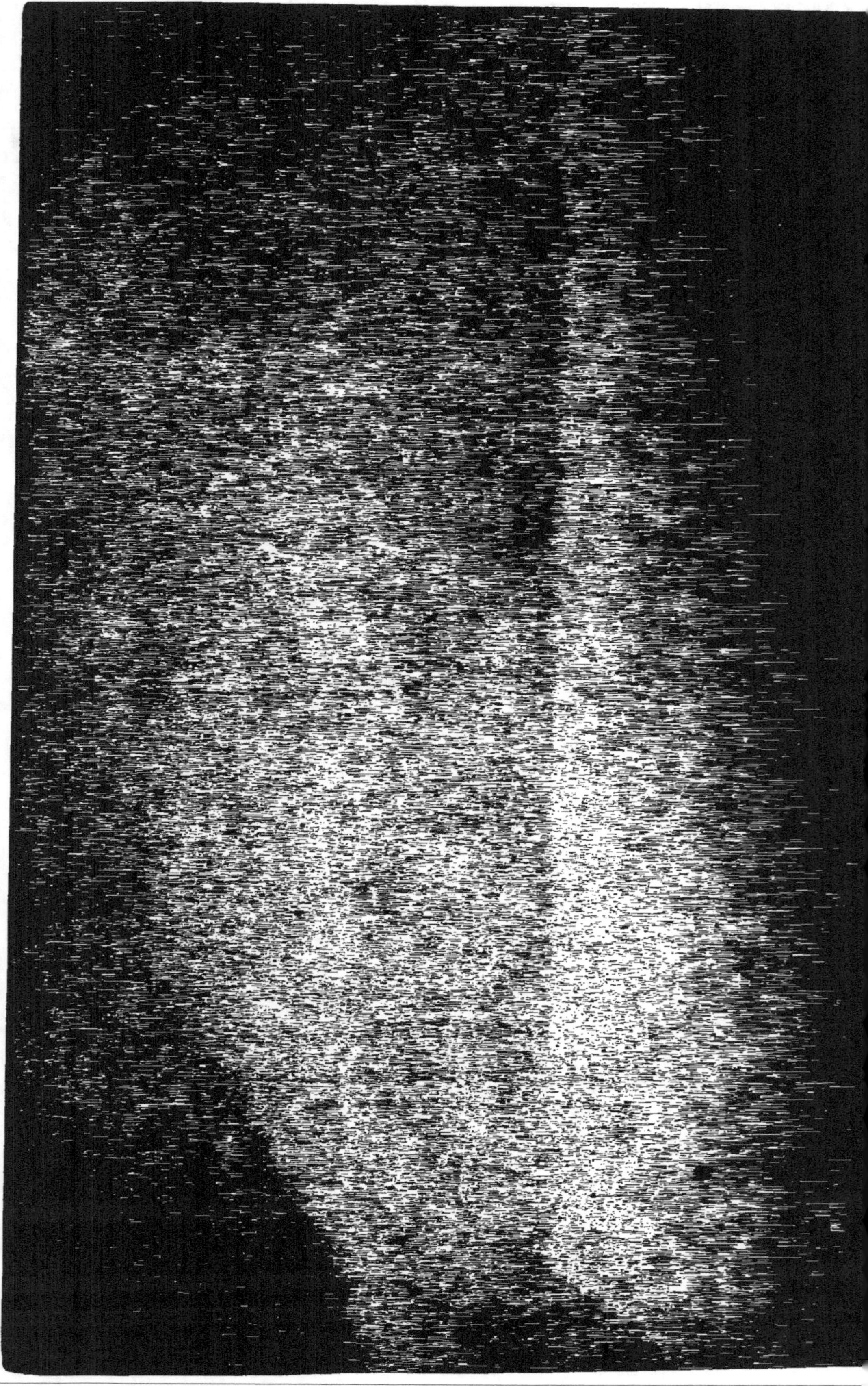

ALLOCUTION

DE

MGR L'ÉVÊQUE D'ANGERS

A LA CÉRÉMONIE DE L'INAUGURATION

DU MONUMENT DE MGR ANGEBAULT

LE 16 JANVIER 1877.

> *Mementote præpositorum vestrorum qui vobis locuti sunt verbum Dei.*
>
> Souvenez-vous de vos évêques qui vous ont annoncé la parole de Dieu.
>
> (EP. AUX HÉBR., XIII, 7.)

ANGERS

E. BARASSÉ, LIBRAIRE-ÉDITEUR, RUE SAINT-LAUD, 83

imprimeur de Monseigneur l'Évêque et du Clergé.

1877

ALLOCUTION

DE

MONSEIGNEUR L'ÉVÊQUE D'ANGERS

A LA CÉRÉMONIE

DE L'INAUGURATION DU MONUMENT DE Mgr ANGEBAULT.

Mementote præpositorum vestrorum qui vobis locuti sunt verbum Dei.

Souvenez-vous de vos évêques qui vous ont annoncé la parole de Dieu.

(EP. AUX HÉBR., XIII, 7.)

MONSEIGNEUR (1), MES FRÈRES,

Ce précepte de l'Apôtre, vous l'avez fidèlement suivi, en élevant un monument à la mémoire d'un Évêque qui pendant vingt-sept ans avait gouverné cette Église avec autant de fermeté que de sagesse. Sans doute, le premier souvenir qu'un peuple chrétien doive garder de ses chefs spirituels, c'est le souvenir de l'enseignement qu'il a reçu d'eux, des leçons et des exemples que renferme leur vie. Ce souvenir-là vit au fond des âmes, comme

____

(1) Mgr de Las Cases, ancien curé de Notre-Dame d'Angers, ancien évêque de Constantine et d'Hippone.

une lumière et une force. Et c'est pourquoi saint Paul ajoute : *quorum intuentes exitum conversationis, imitamini fidem,* « en voyant quelle a été la fin de leur vie, imitez leur foi. » Mais il est dans la nature humaine, de donner à ce souvenir une expression sensible et permanente. C'est pour nous un besoin de l'attacher à quelque chose qui ne passe pas comme le son de la voix ou le mouvement de la pensée. Nous choisissons à cet effet ce qu'il y a de plus durable, le marbre ou la pierre, le bronze ou l'airain, pour conserver le nom et les traits de ceux qui ont été nos bienfaiteurs et nos pères. Ne pouvant retenir d'eux ce que la mort nous enlève, nous leur créons du moins une sorte d'immortalité terrestre par les monuments qui rappellent leur passage au milieu de nous. Vaines préoccupations, diront quelques esprits légers ! Tentative impuissante d'une vanité qui cherche à se tromper elle-même ! Non, Mes Frères, c'est le cœur, c'est la raison elle même qui parle de la sorte ; c'est l'histoire tout entière qui témoigne d'un sentiment aussi profond qu'universel. Toujours et partout, dans l'ordre civil et politique comme dans l'ordre religieux, lorsqu'un homme a bien mérité de l'Église ou de la patrie, la reconnaissance des peuples se plait à prolonger, dans quelque mémorial digne de lui, le souvenir de son nom et de ses œuvres.

Or quel mémorial plus digne d'un Evêque que sa tombe ? Le tombeau de l'Evêque est comme une nouvelle chaire du haut de laquelle il continue à enseigner son peuple. Les âges de foi l'avaient compris, lorsqu'ils faisaient des cathédrales les nécropoles des évêques, suivant cette belle parole de saint Ambroise : « il convient que le Pontife repose là même où il avait coutume d'offrir le sacrifice, » *dignum est enim ut ibi r quiescat sacerdos ubi offerre consuevit* (1). C'est toute l'histoire du diocèse qui se déroulait sous ces voûtes, au temps où l'art et la piété avaient jeté autour de l'enceinte sacrée une magnifique ceinture de monuments funèbres, témoins muets de tout le passé religieux d'un grand peuple. On ne pouvait y faire un pas sans marcher sur l'histoire, comme eût dit l'orateur romain : *quacumque enim ingredimur, in aliquam historiam vestigium ponimus* (2). L'œuvre de Hubert de Vendôme et de Guillaume de Beaumont resplendissait de cette parure à laquelle la majesté de la mort prêtait un caractère d'incomparable grandeur. Pourquoi faut-il que cette histoire monumentale ait disparu en grande partie sous les coups de la violence, et, il faut bien l'ajouter, sous les tentatives non moins désastreuses d'une restauration mal entendue? Mais, du moins, quelques fragments ont-ils pu échapper à cette ruine des vieux souvenirs ; et, du fond de leurs tombes restées debout dans la vieille basilique, les Ulger, les Raoul de Beaumont, les Jean de Rély, les Jean Olivier, les Claude de Rueil prolongent d'un siècle à l'autre cette chaîne de témoignages dont le premier anneau se rattache aux origines mêmes de l'apostolat.

Il avait sa place marquée parmi ses glorieux devanciers, le vénéré Pontife auquel j'ai eu le redoutable honneur de

---

(1) Ep. XXII, *ad sororem*, 13.
(2) Cicéron, *de finibus*, l. v, 2.

succéder dans l'exercice de la charge pastorale. Tout a été dit, il y a sept ans, et par des voix éloquentes, sur les mérites et les œuvres d'un épiscopat qui comptera parmi les plus fructueux dans les annales de l'Eglise d'Angers ; et s'il avait été nécessaire en ce jour de réveiller des souvenirs encore vivants, c'est à une autre parole que la mienne, c'est à la vôtre, Monseigneur, qu'aurait dû échoir cette tâche. La première partie de ma vie s'étant passée loin de vous, Mes Frères, je n'ai pas eu le bonheur de connaître celui dont la houlette pastorale devait passer dans mes mains ; et quand la Providence nous rattache à un homme par des liens si intimes, c'est toujours un grand regret de n'avoir pas eu la satisfaction de contempler ses traits ni d'entendre le son de sa voix. Une fois cependant, et je vous devais cette confidence, il m'avait été donné de ressentir ce qu'il y avait de délicatesse dans le cœur du pieux Pontife. Lorsque, il y a quatorze ans, dans une occasion assez connue, je crus de mon devoir de défendre le dogme capital de notre foi contre une publication aussi vide de science que remplie de prétention, le premier encouragement qui me vint de l'épiscopat, ce fut de la part de l'Evêque d'Angers ; et si, depuis lors, les circonstances m'ont permis de mettre ma bonne volonté au service de l'Eglise, ces modestes essais d'un jeune professeur de Sorbonne ne trouvaient nulle part, je le sais, de plus vives sympathies que là où je devais un jour recueillir de si beaux exemples et m'édifier d'une si haute vertu. Lorsqu'on n'a pas eu la bonne fortune de se rencontrer avec de tels hommes sur le chemin de la vie, c'est du moins une consolation de savoir qu'on n'était pas resté complétement étranger à leur estime ni éloigné de leur cœur.

Mais s'il ne m'appartient pas de redire ce que je devais apprendre de vous, Mes Très-Chers Frères, mieux que personne peut-être je puis apprécier l'héritage que j'ai reçu de mon vénéré prédécesseur. Le jour où j'entrai dans ses travaux, pour reprendre et continuer son œuvre, je pouvais appliquer à l'Église d'Angers ce que saint Bernard disait d'une église de son temps : « qu'elle se distinguait par l'honnêteté des mœurs et l'éclat des institutions, non moins que par la dignité du siége » : *sicut dignitate sedis, sic honestis studiis et laudabilibus institutis eminentem* (1). Je trouvais un diocèse où toutes choses étaient disposées dans un ordre parfait ; une administration dont la régularité dénotait une main ferme et habile ; des fabriques où la science du droit, jointe à une surveillance active, avait fait prévaloir les habitudes et les règles d'une comptabilité sévère ; des églises dont la splendeur témoignait de ressources accrues avec le temps et sagement ménagées ; des colléges construits à grands frais, sans doute, mais qui devaient à ces sacrifices mêmes le degré de prospérité auquel nous les avons vus arriver ; un clergé aussi rempli de lumières qu'édifiant par ses vertus ; des communautés religieuses formées à la science et à la piété par la sollicitude incessante de leur premier pasteur, et devenues, au prix de tant de soins, la force et l'ornement de ce diocèse ; un réseau d'œuvres enfin, enveloppant tous les besoins et

______

(1) Ep. CLXXIX.

toutes les infirmités, depuis le vétéran du sacerdoce jusqu'à l'invalide du travail. Voilà les vrais monuments de l'épiscopat de Mgr Angebault, et celui que nous lui élevons aujourd'hui n'est que le mémorial de ces choses gravées par la reconnaissance au fond de tous les cœurs.

Et cependant je n'entrerais pas dans la pensée de mon pieux prédécesseur, je ne me ferais l'écho fidèle ni de lui-même ni de son troupeau, si, en lui attribuant pour une grande part l'honneur d'une situation si prospère, je n'associais à sa mémoire celle du vénérable Evêque auquel, suivant le mot de saint Grégoire de Nazianze, il avait succédé dans la piété comme dans le siége, *non minus pietatis quam sedis successor* (1); du pontife chargé d'ans et de mérites qui, après lui avoir imposé les mains, devait lui transmettre le gouvernement d'une église déjà reconstituée et raffermie (2). Unis de leur vivant par une telle relation, il ne m'est pas permis de les séparer après leur mort. Aussi bien votre piété filiale se plaît-elle à les confondre dans une commune affection. C'est une miséricorde de Dieu sur l'Église d'Angers d'avoir prolongé au milieu d'elle, pendant trois quarts de siècles, deux vies d'évêques à peine séparées l'une de l'autre par un intervalle où il ne s'est guère trouvé de place que pour de grandes espérances suivies de longs regrets (3): l'une de trente-sept années, pendant laquelle on avait vu les sanctuaires se rouvrir, les rangs du sacerdoce se reformer, et

---

(1) Saint Grégoire de Nazianze, *Orat.* XXI, 8.
(2) Mgr Montault des Iles.
(3) Mgr Paysant n'a occupé le siége d'Angers que pendant dix-huit mois.

la vie religieuse se refaire sous l'irrésistible empire d'une bonté compatissante, qui avait su puiser dans le souvenir même d'une faute amèrement déplorée, une force de plus pour pacifier les esprits en rapprochant les cœurs ; l'autre, de vingt-sept ans, consacrée tout entière au maintien, à la consolidation et au développement de ces institutions rajeunies au souffle de la foi et purifiées dans le creuset des tribulations. Tels l'on voit succéder aux Esdras qui commencent par rassembler les pierres dispersées du sanctuaire, les Néhémie qui achèvent de construire les murs et les remparts de la Cité sainte. Heureuses les églises auxquelles ces longévités précieuses assurent, avec le bénéfice d'une longue expérience, le respect des traditions, l'esprit de suite dans le maniement des affaires, et une direction d'autant plus sûre qu'elle repose sur une connaissance approfondie des hommes et des choses ! C'était la pensée du Sage, lorsqu'il voyait un châtiment dans l'instabilité des pouvoirs, et une grâce dans leur prolongement : *propter peccata terræ multi principes ejus, et propter hominis sapientiam, vita ducis longior erit* (1).

C'est donc, vis-à-vis l'un de l'autre, à l'entrée même de cette basilique, que devaient s'élever les monuments des deux Evêques dans lesquels se résume, pour ainsi dire, l'histoire de l'Eglise d'Angers depuis le commencement de ce siècle. Devant cette image qui rappelle une fidélité si constante au devoir du chrétien, du prêtre et de l'évêque, tous se sentiront une nouvelle force pour marcher dans la

---

(1) Proverbes XXVIII, 2.

voie droite de la vérité et de la justice. Les prêtres se retremperont dans l'esprit de leur sacerdoce, en revoyant la douce figure du Pontife qui leur avait imposé les mains ; et si jamais quelque inquiétude pouvait traverser le cœur de l'Evêque, il lui suffirait d'un tel souvenir pour ranimer son courage. Comme autrefois, auprès du tombeau de saint Basile, les pauvres viendront saluer leur bienfaiteur, *pauperes largitorem ;* les malheureux, leur consolateur, *calamitosi solatium ;* les vierges du Seigneur, celui qui avait présidé leurs noces spirituelles, *virgines pronubum ;* la jeunesse studieuse, son précepteur et son maître, *litterarum studiosi præceptorem ;* tous enfin, celui qui s'était fait tout à tous, *omnes denique eum qui omnibus omnia factus est* (1). Touchante pensée, Mes Frères, que d'avoir représenté le pieux Prélat dans l'attitude de la prière, avec l'art profond qu'un éminent statuaire sait apporter à toutes ses œuvres ! La prière pour son troupeau, n'est-ce pas l'office de l'Evêque, dans l'éternité comme dans le temps ? *Hic est qui multum orat pro populo et universa civitate* (2). En célébrant la mémoire de son prédécesseur, saint Grégoire ne craignait pas de dire aux fidèles de Nazianze que la prière de leur ancien Pasteur leur serait plus utile dans le ciel que n'avait été sur la terre son enseignement même : *hoc magis deprecatione sua, quam prius doctrina præstat* (3). Oui, Pontife à jamais regretté, du séjour de la gloire où notre confiance dans la miséricorde divine se

---

(1) S. Grégoire de Nazianze, *Orat.* LXIII, 81.
(2) II Machab., xv, 14.
(3) S. Grég. de Nazanze, *Orat.* XVIII, 4.

plaît à vous représenter, vous prierez pour ce diocèse que vous avez arrosé des sueurs de votre apostolat ; pour ce clergé dont vous étiez le Père ; pour tous ceux que vous avez confirmés dans la foi et dans la divine charité ; vous prierez pour la prospérité de nos œuvres et de nos établissements, objet de votre sollicitude constante ; ah ! vous prierez surtout pour votre indigne successeur, afin que l'héritage des saints ne périclite pas dans ses mains, et, qu'en s'inspirant de vos exemples, il puisse dire comme vous, à la fin de ses jours : *Bonum certamen certavi, cursum consummavi, fidem servavi ; in reliquo reposita est mihi corona justitiæ, quam reddet mihi Dominus in illa die, justus judex* (1). Ainsi soit-il !

-----

(1) II Timoth., IV, 7, 8.

Angers, imp. E. Barassé, imprimeur de Mᵍʳ l'Évêque et du Clergé.